Livre de recettes de régime méditerranéen pour la famille

50 recettes faciles et savoureuses pour une santé à vie

Aubane **Vincent**

Tous les droits sont réservés.

Avertissement

Sommario

INTRODUCTION

Si vous essayez de manger des aliments meilleurs pour votre cœur, commencez par ces neuf ingrédients sains de la cuisine méditerranéenne.

Les ingrédients clés de la cuisine méditerranéenne comprennent l'huile d'olive, les fruits et légumes frais, les légumineuses riches en protéines, le poisson et les grains entiers avec des quantités modérées de vin et de viande rouge. Les saveurs sont riches et les bienfaits pour la santé des personnes qui choisissent un régime méditerranéen, l'un des plus sains au monde, sont difficiles à ignorer - ils sont moins susceptibles de développer une hypertension artérielle, un taux de cholestérol élevé ou de devenir obèses. Si vous essayez de manger des aliments meilleurs pour votre cœur, commencez par ces ingrédients sains de la cuisine méditerranéenne.

1. pommes de terre rôties au four

Ingrédients

- ❖ 2 livres de petites pommes de terre, coupées en deux ou en quartiers

- ❖ huile d'olive extra vierge, pour arroser

- ❖ sel de mer et poivre noir fraîchement moulu

- ❖ persil finement haché, pour la garniture

pansement:

- ❖ 2 cuillères à soupe d'huile d'olive extra vierge
- ❖ 1 cuillère à café de zeste de citron
- ❖ 2 cuillères à soupe de jus de citron
- ❖ 1 cuillère à café de moutarde de Dijon
- ❖ 2 gousses d'ail émincées
- ❖ 1 cuillère à soupe de romarin émincé
- ❖ 1/4 cuillère à café de flocons de piment rouge
- ❖ 1/4 cuillère à café de sel de mer
- ❖ poivre noir fraichement moulu

PAS

1. Préchauffer le four à 425 ° F et tapisser une grande plaque à pâtisserie de papier sulfurisé.

2. Mélangez les pommes de terre avec l'huile d'olive, le sel et le poivre et répartissez uniformément sur la plaque à pâtisserie. Rôtir de 20 à 30 minutes ou jusqu'à ce qu'ils soient tendres et dorés sur les

bords. Le moment dépendra de la taille et de la fraîcheur de vos pommes de terre.

3. Dans un petit bol, fouetter ensemble l'huile d'olive, le zeste de citron, le jus de citron, la moutarde, l'ail, le romarin, les flocons de piment rouge, le sel et le poivre.

4. Versez la vinaigrette sur les pommes de terre cuites et mélangez doucement. Vous n'aurez peut-être pas besoin de tout le pansement. Assaisonner au goût avec plus de sel et de poivre. Saupoudrer de persil et servir.

Pain de Focaccia au romarin

Ingrédients

- ❖ $1\frac{3}{4}$ tasse d'eau chaude, 105 ° à 115 ° F

- ❖ 1 paquet ($\frac{1}{4}$ once) de levure sèche active, ($2\frac{1}{4}$ cuillères à café)

- ❖ 1 cuillère à soupe de sucre de canne

- ❖ $3\frac{1}{2}$ tasses de farine tout usage, et plus pour pétrir

- ❖ $1\frac{1}{2}$ tasse de farine de blé entier

- ❖ 1 cuillère à soupe de sel de mer

- ❖ $\frac{1}{2}$ tasse d'huile d'olive extra vierge, et plus encore pour le brossage

- ❖ 1 bulbe d'ail rôti, facultatif

- ❖ 2 cuillères à soupe de romarin haché

- ❖ $\frac{1}{2}$ cuillère à café de flocons de piment rouge, facultatif

PAS

1. Dans un bol moyen, mélanger l'eau, la levure et le sucre. Réserver 5 minutes, jusqu'à ce que la levure soit mousseuse.

2. Dans le bol d'un batteur sur socle équipé d'un crochet pétrisseur, placer les farines, le sel, $\frac{1}{4}$ de tasse d'huile d'olive et le mélange de levure et mélanger à vitesse moyenne jusqu'à ce que la pâte forme une boule autour du crochet, 5 à 6 minutes .

3. Transférer la pâte sur une surface légèrement farinée et pétrir plusieurs fois en saupoudrant de

farine, au besoin, et former une boule. Badigeonner un grand bol d'huile d'olive et déposer la pâte à l'intérieur. Couvrir d'une pellicule plastique et laisser lever jusqu'à ce qu'elle double de volume, de 40 à 50 minutes.

4. Enduire une plaque à pâtisserie à rebords de 10 × 15 pouces avec le quart de tasse d'huile d'olive restant. Piquer la pâte, la transférer sur une surface légèrement farinée et la pétrir plusieurs fois. Placez la pâte dans la casserole et appuyez pour l'étaler sur les bords de la casserole. Retournez la pâte et étalez-la à nouveau sur les bords. Faites des empreintes avec vos doigts, tous les quelques centimètres, sur toute la pâte. Couvrir la plaque à pâtisserie d'une pellicule plastique et laisser lever la pâte jusqu'à ce qu'elle ait doublé de volume, environ 40 minutes.

5. Préchauffer le four à 425 ° F. Retirez la pellicule plastique. Coupez les gousses d'ail rôties en deux et enfoncez-les à la surface de la pâte. Saupoudrer de romarin et de flocons de piment rouge et cuire au four pendant 20 minutes, jusqu'à ce qu'ils soient dorés.

3. patates douces cuites deux fois

Ingrédients

- ❖ 4 patates douces moyennes

- ❖ 4 tasses de petits fleurons de brocoli

- ❖ 1 cuillère à café d'huile d'olive extra vierge

- ❖ 1 petite gousse d'ail émincée

- ❖ ½ cuillère à café de moutarde de Dijon

- ❖ 1 cuillère à soupe de jus de citron frais ❖ ⅓ tasse d'oignons verts hachés

- ❖ 1 tasse de fromage cheddar, facultatif

- ❖ ¼ tasse de graines de chanvre

- ❖ ½ tasse de persil haché et / ou de micropousses

- ❖ Sel de mer et poivre noir fraîchement moulu

- ❖ Crème de patate douce et noix de cajou (cela fait un extra)

- ❖ ½ tasse d'eau

- ❖ ½ tasse de purée de patates douces

- ❖ ½ tasse de noix de cajou crues, trempées plus de 4 heures et égouttées

- ❖ 1½ cuillère à soupe de jus de citron frais

- ❖ 1 gousse d'ail

- ❖ 2 cuillères à café de romarin frais haché

- ❖ ½ cuillère à café de sel de mer

- ❖ ¼ cuillère à café de poivre noir fraîchement moulu

PAS

1. Préchauffer le four à 400 ° F et tapisser une plaque à pâtisserie de papier sulfurisé. Percer plusieurs fois les patates douces avec une fourchette et les déposer sur la plaque à pâtisserie. Rôtir pendant 45 minutes ou jusqu'à ce qu'ils soient tendres. Couper en deux et retirer une cuillère à soupe de purée de chaque moitié pour faire de la place pour la garniture, ½ tasse au total. (Utilisez-le pour la crème de noix de cajou aux patates douces.)

2. Préparez la crème de patate douce et de cajou: Dans un mélangeur à grande vitesse, mélanger l'eau, la purée de patate douce, les noix de cajou, le jus de citron, l'ail, le romarin, le sel et le poivre et mélanger jusqu'à consistance lisse. Mettre de côté.

3. Faites cuire le brocoli à la vapeur dans un cuiseur vapeur pendant 5 minutes ou jusqu'à ce qu'il soit juste tendre mais encore vert vif.

4. Dans un bol moyen, mélanger l'huile d'olive, l'ail émincé, la moutarde de Dijon, le jus de citron et les oignons verts et remuer. Ajouter le brocoli cuit à la vapeur et quelques pincées de sel et de poivre et mélanger pour enrober.

5. Remplissez chaque moitié de pomme de terre avec une boule de crème de noix de cajou, un peu de fromage cheddar (si vous en utilisez), le mélange de brocoli, plus de fromage, les oignons verts et saupoudrez de graines de chanvre. Cuire au four encore 10 minutes ou jusqu'à ce que le fromage soit fondu. Garnir de persil et / ou de micropousses et servir avec le reste de la sauce aux noix de cajou pour arroser. (Astuce: si votre sauce aux noix de cajou est trop épaisse pour arroser, ajoutez un peu d'eau jusqu'à ce qu'elle soit plus fine).

4. sauce tahini

Ingrédients

Sauce tahini de base

- ❖ ½ tasse de tahini

- ❖ ¼ tasse de jus de citron frais

- ❖ 6 cuillères à soupe d'eau, et plus au besoin

- ❖ 1 petite gousse d'ail, râpée ou pressée

- ❖ ½ cuillère à café de sel de mer

- ❖ Curcuma Tahini

- ❖ 1 recette de sauce tahini de base

- ❖ ½ à 1 cuillère à café de curcuma séché

- ❖ 1 cuillère à café de sirop d'érable ou de miel

- ❖ 1 cuillère à café de gingembre frais râpé

- ❖ 1 cuillère à café d'huile d'olive extra vierge

- ❖ Tahini vert

- ❖ 1 recette de sauce tahini de base

- ❖ Heaping ¾ tasse de coriandre

- ❖ Heaping ¾ tasse de persil

- ❖ ¼ cuillère à café de cumin

- ❖ 1 cuillère à café de sirop d'érable ou de miel

- ❖ 1 cuillère à café d'huile d'olive extra vierge

Betterave Tahini

- ❖ 1 recette de sauce tahini de base

- ❖ 1 petite betterave, rôtie et pelée

- ❖ $\frac{1}{4}$ cuillère à café de cumin

- ❖ $\frac{1}{4}$ cuillère à café de coriandre

- ❖ Arroser, diluer si nécessaire

PAS

1. Préparez la sauce tahini de base: Dans un petit bol, mélangez le tahini, le jus de citron, l'eau, l'ail et le sel de mer.

2. Faire du tahini au curcuma: Ajouter le curcuma, le sirop d'érable, le gingembre et l'huile d'olive à 1 recette de sauce tahini de base. Remuer jusqu'à homogénéité.

3. Préparez le tahini vert: Placez 1 recette de sauce tahini de base dans un robot culinaire et ajoutez la coriandre, le persil, le cumin, le sirop d'érable et l'huile d'olive. Mélangez jusqu'à ce que le tout soit combiné.

4. Préparez le Tahini à la betterave: Placez 1 recette

de sauce Tahini de base dans un robot culinaire et ajoutez la betterave rôtie, le cumin et la coriandre. Réduire en purée lisse, en ajoutant de l'eau si nécessaire.

5.Le meilleur guacamole

Ingrédients

- ❖ 3 avocats mûrs
- ❖ $\frac{1}{4}$ tasse d'oignon rouge en dés
- ❖ $\frac{1}{4}$ tasse de coriandre finement hachée

- ❖ Zeste et jus de 2 limes

- ❖ 1 petit jalapeño coupé en dés

- ❖ $\frac{1}{2}$ cuillère à café de gros sel de mer, plus au goût

- ❖ $\frac{1}{2}$ cuillère à café de cumin, facultatif

- ❖ Croustilles de tortilla, pour servir

PAS

1. Dans un grand bol, mélanger les avocats, l'oignon, la coriandre, le zeste et le jus de lime, le jalapeno, le sel et le cumin. Écrasez jusqu'à ce que les ingrédients soient combinés, mais toujours un peu volumineux. Assaisonner selon l'envie.

2. Servir avec des chips tortilla.

6. crème de cajou

Ingrédients

- ❖ 1 tasse de noix de cajou crues *
- ❖ $\frac{1}{2}$ tasse d'eau
- ❖ 2 cuillères à soupe d'huile d'olive extra vierge
- ❖ 2 cuillères à soupe de jus de citron

- ❖ 1 gousse d'ail pelée

- ❖ $\frac{1}{2}$ cuillère à café de sel de mer

- ❖ Crème sure aux noix de cajou

- ❖ Remplacez 1 cuillère à soupe de jus de citron par 1 cuillère à soupe de vinaigre de vin blanc

- ❖ Ajouter $\frac{1}{2}$ cuillère à café de moutarde de Dijon

- ❖ Ajouter $\frac{1}{4}$ cuillère à café de poudre d'oignon

PAS

1. Placez les noix de cajou, l'eau, l'huile d'olive, le jus de citron, l'ail et le sel dans un mélangeur à grande vitesse et mélangez jusqu'à ce que ce soit complètement lisse et crémeux.

2. Pour la crème sure de cajou, préparez la recette de crème de cajou en remplaçant 1 cuillère à soupe de jus de citron par 1 cuillère à soupe de vinaigre de vin blanc et ajoutez la moutarde et l'oignon en poudre pour plus de saveur.

7. trempage végétalien à sept couches

Ingrédients

- ❖ 1 boîte (14 onces) de haricots frits

- ❖ 1 recette de kale guacamole ou guacamole classique, pulsé au robot culinaire

- ❖ 1 tasse de tomates cerises coupées en deux

- ❖ ½ bouquet d'oignons verts, coupés en dés

- ❖ ½ tasse de coriandre hachée

- ❖ 1 piment jalapeño, tranché finement ou coupé en dés, facultatif

- ❖ Tortillas

- ❖ Crème de cajou

- ❖ 1 tasse de noix de cajou crues

- ❖ ½ tasse d'eau

- ❖ 2 cuillères à soupe d'huile d'olive extra vierge

- ❖ 2 cuillères à soupe de jus de citron

- ❖ ½ cuillère à café de sel de mer

- ❖ Quinoa épicé

- ❖ 1½ tasse de quinoa rouge cuit

- ❖ 1 gousse d'ail émincée

- ❖ 1 cuillère à café de poudre de chili

- ❖ 1 cuillère à café de paprika fumé

- ❖ ½ cuillère à café de cumin

- ❖ ½ cuillère à soupe de jus de citron vert frais

❖ 1 cuillère à café d'huile d'olive extra vierge

❖ $\frac{1}{2}$ cuillère à café de sel de mer

❖ $\frac{1}{4}$ cuillère à café de sirop d'érable

PAS

1. Préparez la crème de noix de cajou: Dans un mélangeur, mélangez les noix de cajou, l'eau, l'huile d'olive, le jus de citron et le sel de mer et mélangez jusqu'à consistance crémeuse. Réfrigérez jusqu'au moment de l'utiliser.

2. Préparez le quinoa épicé: Dans un bol moyen, mélangez le quinoa, l'ail, la poudre de chili, le paprika fumé, le cumin, le jus de lime, l'huile d'olive, le sel de mer et le sirop d'érable. Réfrigérez jusqu'au moment de l'utiliser.

3. Dans un plateau de service de 8x12 (ou similaire), superposez les haricots frits, le guacamole de chou frisé, la crème de noix de cajou et le quinoa épicé. Garnir avec les tomates, les oignons verts, la coriandre, plus de crème de noix de cajou et les piments jalapeños, le cas échéant. Servir avec des frites.

8. trempette au fromage piment végétalien

Ingrédients

- ❖ 1½ tasse de noix de cajou crues

- ❖ ½ tasse d'eau, plus si nécessaire pour mélanger

- ❖ 3 cuillères à soupe de jus de citron frais

- ❖ 2 cuillères à café de moutarde de Dijon

- ❖ 1 cuillère à café de sriracha

- ❖ 2 cuillères à soupe de piments piments en pot, plus si désiré

- ❖ 1 gousse d'ail

- ❖ $\frac{1}{2}$ cuillère à café de paprika fumé

- ❖ $\frac{1}{2}$ cuillère à café de sel

- ❖ Poivre noir fraîchement moulu

- ❖ 1 cuillère à café de ciboulette hachée, pour la garniture

- ❖ Servir avec:

- ❖ Craquelins

- ❖ Légumes en tranches (radis, céleri ou légumes de votre choix)

PAS

1. Dans un mélangeur à haute vitesse, mélanger les noix de cajou, l'eau, le jus de citron, la moutarde de Dijon, la sriracha, les piments piments, l'ail, le paprika fumé, le sel et une généreuse pincée de poivre. Mélanger jusqu'à consistance lisse, en utilisant le bâton du mélangeur pour aider à garder

la lame en mouvement. Si le mélange est trop épais, ajoutez graduellement plus d'eau jusqu'à consistance lisse. Réfrigérez jusqu'au moment de l'utiliser.

2. Garnir la trempette de ciboulette hachée et servir avec des craquelins, du céleri et des radis pour la trempette.

9. tomate salsa verte

Ingrédients

- ❖ 6 tomatilles moyennes
- ❖ 1/4 d'oignon jaune moyen, coupé en gros morceaux
- ❖ 1 piment serrano ou jalapeño, épépiné * (voir note)

- ❖ 2 gousses d'ail, non pelées, emballées dans du papier d'aluminium

- ❖ 1 1/2 cuillères à soupe d'huile d'olive extra vierge

- ❖ 1 1/2 cuillère à soupe de jus de citron vert frais

- ❖ $\frac{1}{4}$ tasse de coriandre hachée

- ❖ 1/2 à 3/4 cuillère à café de sel de mer au goût

PAS

1. Préchauffer le four à 450 ° F et tapisser une plaque à pâtisserie de papier sulfurisé.

2. Retirez les cosses des tomatilles et rincez à l'eau froide pour éliminer le caractère collant. Déposer les tomatilles, l'oignon et le poivron sur la plaque à pâtisserie, arroser d'huile d'olive et une généreuse pincée de sel et mélanger. Placez l'ail enveloppé sur la casserole. Rôtir pendant 15 minutes ou jusqu'à ce que les tomatilles soient tendres.

3. Déballez l'ail du papier d'aluminium, épluchez-le et placez-le dans le bol d'un robot culinaire. Ajouter les légumes rôtis, le jus de lime et la coriandre et mélanger. Si votre salsa est trop épaisse, ajoutez 1

à 2 cuillères à soupe d'eau pour diluer à la consistance désirée. Assaisonner selon l'envie.

4. Servir avec des frites ou avec votre recette mexicaine préférée.

10.Nouilles aux courgettes

Ingrédients

- ❖ 3 courgettes moyennes

- ❖ suggestions de service simples:

- ❖ au citron, huile d'olive, sel de mer et parmesan

- ❖ avec sauce marinara

- ❖ au pesto

- ❖ aux tomates rôties

- ❖ avec légumes grillés ou rôtis

PAS

1. Choisissez le type de nouilles que vous souhaitez préparer et suivez les instructions pour chaque option ci-dessous.

2. Pour les nouilles «spaghetti» frisées à l'aide d'un spiraliseur de comptoir: Fixez le spiraliseur à votre comptoir. Coupez la pointe de la courgette et fixezla entre la lame et les dents du spiralizer. Tournez la poignée pour faire les nouilles.

3. Pour les nouilles droites «cheveux d'ange» à l'aide d'un éplucheur à julienne: il suffit de tenir les courgettes d'une main et de tirer l'éplucheur de julienne sur les courgettes pour faire des lanières.

4. Pour les nouilles "fettucine" à l'aide d'une mandoline et d'un couteau: Trancher de fines planches de courgettes avec la mandoline, puis

couper ces planches en lanières de la taille d'un fettuccine.

5. Pour les nouilles «pappardelle» à l'aide d'un éplucheur de légumes ordinaire: Utilisez l'éplucheur pour éplucher simplement de fines lanières de courgettes.

6. Servir les nouilles aux courgettes crues avec une sauce tiède (la chaleur de la sauce fera cuire doucement les nouilles sans les rendre molles). Ou chauffer une poêle à feu moyen, badigeonner d'huile d'olive, ajouter les nouilles et chauffer 1 minute, ou jusqu'à ce qu'elles soient tout juste chaudes. Retirer et servir avec les sauces et garnitures désirées.

11 Courge spaghetti

Ingrédients

- ❖ 1 courge spaghetti
- ❖ Huile d'olive vierge extra
- ❖ sel de mer et poivre noir fraîchement moulu

PAS

1. Préchauffer le four à 400 ° F.

2. Couper la courge spaghetti en deux dans le sens de la longueur et retirer les graines et les côtes. Arroser l'intérieur de la courge d'huile d'olive et saupoudrer de sel et de poivre.

3. Placez la courge spaghetti côté coupé vers le bas sur la plaque à pâtisserie et utilisez une fourchette pour percer des trous. Rôtir de 30 à 40 minutes ou jusqu'à ce qu'ils soient légèrement dorés à l'extérieur, tendres à la fourchette, mais encore un peu fermes. Le temps variera en fonction de la taille de votre courge. Je trouve également que le timing peut varier d'un squash à l'autre.

4. Retirez du four et retournez la courge pour qu'elle soit coupée vers le haut. Lorsqu'elles sont froides au toucher, utilisez une fourchette pour gratter et éplucher les brins sur les côtés de la courge.

12.Oignons rouges marinés

Ingrédients

- ❖ 2 petits oignons rouges

- ❖ 2 tasses de vinaigre blanc

- ❖ 2 tasses d'eau

- ❖ 1/3 tasse de sucre de canne

- ❖ 2 cuillères à soupe de sel de mer

- ❖ optionnel

- ❖ 2 gousses d'ail

- ❖ 1 cuillère à café de grains de poivre mélangés

PAS

1. Tranchez finement les oignons (il est utile d'utiliser une mandoline) et répartissez les oignons dans 2 bocaux (16 onces) ou 3 bocaux (10 onces). Placez l'ail et les grains de poivre dans chaque pot, si vous en utilisez

2. Chauffer le vinaigre, l'eau, le sucre et le sel dans une casserole moyenne à feu moyen. Remuer jusqu'à ce que le sucre et le sel se dissolvent, environ 1 minute. Laisser refroidir et verser sur les oignons.

   Laisser refroidir à température ambiante, puis conserver les oignons au réfrigérateur.

3. Vos oignons marinés seront prêts à être consommés une fois qu'ils seront rose vif et tendres - environ 1 heure pour les oignons tranchés très finement, ou toute la nuit pour les oignons tranchés plus épais.

13 Frites de patates douces au four

Ingrédients

- ❖ 2 livres de patates douces, environ 2 grosses, coupées en bâtonnets de 1/4 de pouce

- ❖ Huile d'olive extra vierge, pour arroser

❖ Sel de mer, à saupoudrer

❖ options de service

❖ herbes fraîches, comme le persil haché et / ou la coriandre

❖ pincées de flocons de piment rouge

❖ Sauce chipotle pour tremper

PAS

1. Préchauffer le four à 450 ° F et placer des grilles métalliques dans 2 plaques à pâtisserie à rebords. Cela permet à l'air chaud du four d'atteindre tous les côtés des frites afin que vous n'ayez pas à les retourner à mi-cuisson. Si vous n'avez pas de grilles métalliques, vous pouvez utiliser des plaques à pâtisserie tapissées de papier sulfurisé.

2. Faites tremper les patates douces dans un grand bol d'eau froide pendant 30 minutes. Égouttez, puis séchez.

3. Arroser d'huile d'olive (assez pour enrober légèrement) et mélanger pour enrober.

4. Étalez les pommes de terre en une couche uniforme sur les grilles / plaques de cuisson afin qu'il y ait de la place entre chaque frite. Cuire au four de 30 à 38 minutes ou jusqu'à ce qu'elles soient dorées et croustillantes mais non brûlées. Le moment choisi peut varier en fonction de votre four. Si vous n'utilisez pas les grilles métalliques, retournez les pommes de terre à mi-chemin.

5. Retirer du four et assaisonner généreusement avec du sel marin.

6. Mélanger avec des herbes fraîches, des flocons de piment rouge et servir avec du ketchup, de la moutarde ou de la sauce chipotle, au choix.

14.Courge musquée rôtie

Ingrédients

- ❖
  1 courge musquée, pelée, épépinée et coupée en cubes

- ❖ Huile d'olive extra vierge, pour arroser

- ❖ Sel de mer et poivre noir fraîchement moulu

- ❖ Persil haché, facultatif, pour la garniture

PAS

1. Préchauffer le four à 400 ° F et tapisser une grande plaque à pâtisserie de papier sulfurisé.

2. Déposer les cubes de courge sur la plaque à pâtisserie et mélanger avec un filet d'huile d'olive et des pincées de sel et de poivre. Rôtir de 30 à 35 minutes ou jusqu'à ce que les bords soient dorés.

15.Poivrons rouges grillés

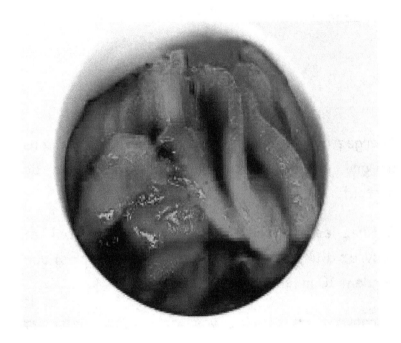

Ingrédients

* ❖
* ❖
    poivrons rouges

    Huile d'olive vierge extra

* ❖ Sel de mer

PAS

1. Chargez les poivrons sur un brûleur à gaz ou sous un gril jusqu'à ce que la peau soit noircie de partout.

2. Retirez-les du feu, placez-les dans un bol et couvrez d'une serviette ou d'une pellicule plastique pendant 10 minutes.

3. Découvrez et utilisez vos mains pour peler et enlever la peau lâche.

4. Coupez la tige et retirez les graines; utilisez le poivre entier ou coupez-le en lanières. Assaisonner au goût avec du sel marin.

5. Pour conserver les poivrons, transférez-les dans un bocal, couvrez-les d'huile d'olive et conservez-les au réfrigérateur pendant 2-3 semaines.

Ingrédients

❖

❖

16.Jalapenos marinées

10 piments jalapeños, tranchés finement

2 gousses d'ail entières, pelées

❖ 1 tasse de vinaigre blanc distillé

❖ 1 tasse d'eau

❖ ⅓ tasse de sucre de canne

❖ 1 cuillère à soupe de sel de mer

PAS

1. Divisez les piments jalapeños dans 2 bocaux à couvercle (16 onces) et placez une gousse d'ail dans chaque bocal.

2. Dans une petite casserole à feu doux, laisser mijoter le vinaigre, l'eau, le sucre et le sel, en remuant de temps en temps, jusqu'à ce que le sucre soit dissous, environ 5 minutes. Versez la saumure sur les piments jalapeños. Laisser refroidir à température ambiante, puis couvrir et réfrigérer pendant au moins 30 minutes. Conserver au réfrigérateur jusqu'à 2 semaines.

Ingrédients

* ❖
* ❖

17 Chou-fleur rôti au zeste de citron

1 chou-fleur moyen huile d'olive

extra vierge, à rôtir

❖ sel de mer et poivre noir fraîchement moulu, à saupoudrer

❖ Zest de 1 citron

❖ 1/4 tasse de persil haché

PAS

1. Préchauffer le four à 425 ° F et tapisser une grande plaque à pâtisserie de papier sulfurisé. Cassez le chou-fleur en bouchées. Mélanger avec l'huile d'olive, le sel et le poivre et répartir uniformément sur la plaque à pâtisserie. Rôtir de 25 à 30 minutes ou jusqu'à ce qu'ils soient dorés sur les bords.

2. Assaisonner au goût avec plus de sel et de poivre et mélanger avec le zeste de citron et le persil. Ou gardez-le simple et utilisez-le dans n'importe quelle recette qui demande du chou-fleur rôti.

Ingrédients

- ❖
- ❖

18. Betteraves rôties aux agrumes

Ingrédients

* ❖
  6 à 8 betteraves rouges ou jaunes petites ou moyennes

* ❖ Huile d'olive extra vierge, pour arroser

* ❖ 1 grosse orange nombril

* ❖ Vinaigre de xérès ou vinaigre balsamique, pour arroser

* ❖ Jus de ½ citron, ou au goût

* ❖ Une poignée de feuilles de cresson, de roquette ou de micro-pousses

* ❖ Sel de mer et poivre noir fraîchement moulu

* ❖ Sel de mer feuilleté, facultatif

* ❖ autres idées de garniture supplémentaires (facultatives):

* ❖ Fromage de chèvre ou feta

* ❖ Noix ou pistaches hachées

PAS

1. Préchauffer le four à 400 ° F.

2. Déposer chaque betterave sur un morceau de papier d'aluminium et arroser généreusement d'huile d'olive et de pincées de sel de mer et de poivre noir fraîchement moulu. Envelopper les betteraves dans du papier d'aluminium et les rôtir sur une plaque à pâtisserie pendant 35 à 60 minutes, ou jusqu'à ce qu'elles soient tendres et tendres à la fourchette. Le temps dépendra de la taille et de la fraîcheur des betteraves. Retirer les betteraves du four, retirer le papier d'aluminium et laisser refroidir. Lorsqu'elles sont froides au toucher, peler les peaux. J'aime les tenir sous l'eau courante et faire glisser les peaux avec mes mains.

3. Utilisez un éplucheur d'agrumes pour peler de longues lanières autour de l'orange, en évitant la moelle blanche. Le zeste râpé fonctionnerait ici aussi. Trancher le $\frac{3}{4}$ de l'orange en segments et réserver le quart de quart restant pour le presser.

4. Coupez les betteraves en quartiers ou en morceaux de 1 po et placez-les dans un bol. Si vous utilisez des betteraves rouges et jaunes, placez chaque couleur dans des bols séparés pour que les betteraves rouges ne tachent pas les betteraves jaunes.

5. Arroser d'huile d'olive et de vinaigre de xérès, puis ajouter le jus de citron, le jus d'orange pressé

du quartier restant et quelques pincées de sel et de poivre et mélanger. Réfrigérer jusqu'au moment de servir.

6. Goûtez avant de servir et assaisonnez avec plus de sel (sel de mer feuilleté, si vous en utilisez) et du poivre ou plus de vinaigre (pour plus de saveur), d'orange ou de jus de citron, au choix.

7. Servir sur une assiette avec les segments d'orange, le cresson et les boucles d'agrumes.

19.Pois chiches rôtis croustillants

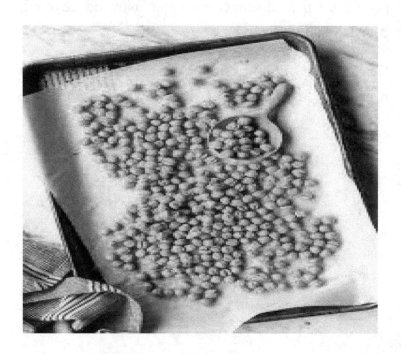

Ingrédients

❖ 1 1/2 tasse de pois chiches cuits, égouttés et rincés

❖ Huile d'olive extra vierge, pour arroser

❖ Sel de mer

❖ Paprika, curry en poudre ou autres épices (facultatif)

PAS

1. Préchauffer le four à 425 ° F et tapisser une grande plaque à pâtisserie de papier sulfurisé.

2. Étalez les pois chiches sur un torchon et séchez-les.
   Retirez toutes les peaux lâches.

3. Transférer les pois chiches séchés sur la plaque à pâtisserie et les mélanger avec un filet d'huile d'olive et de généreuses pincées de sel.

4. Rôtir les pois chiches de 20 à 30 minutes ou jusqu'à ce qu'ils soient dorés et croustillants. Les fours peuvent varier, si vos pois chiches ne sont pas assez croustillants, continuez jusqu'à ce qu'ils le soient!

5. Retirer du four et, pendant que les pois chiches sont encore chauds, mélanger avec des pincées de vos épices préférées, le cas échéant.

6. Conservez les pois chiches rôtis dans un récipient légèrement couvert à température ambiante. Il est préférable de les utiliser dans les deux jours.

20.Farro

Ingrédients

Pour le Farro:

* 1 tasse de farro non cuit, rincé

* Vinaigrette au citron et aux fines herbes:

* 1 cuillère à soupe d'huile d'olive extra vierge

* 1/2 cuillère à soupe de jus de citron, plus au goût

* 1/2 cuillère à soupe de feuilles de thym frais

* 1 gousse d'ail râpée

* $\frac{1}{4}$ cuillère à café de moutarde de Dijon

* $\frac{1}{2}$ cuillère à café de sel de mer, plus au goût

* Poivre noir fraichement moulu

* $\frac{1}{2}$ tasse de persil haché

* pincée de flocons de piment rouge, facultatif

PAS

1. Cuire le farro: Remplissez une casserole moyenne à moitié d'eau et portez à ébullition. Ajouter le farro, réduire le feu et laisser mijoter jusqu'à ce que le farro soit tendre, moelleux, mais qu'il ait encore une bouchée al dente - 15 à 20 minutes pour

le farro perlé; 20 à 30 minutes pour le farro semi-perlé; jusqu'à 40 minutes pour le farro entier.

2. Égoutter, puis étendre sur une grande assiette ou une plaque de cuisson pour refroidir et sécher pendant 20 minutes. Cela l'empêche de continuer à cuire à la vapeur, ce qui le rend pâteux.

3. Préparez la vinaigrette au citron et aux herbes: Mélangez l'huile d'olive, le jus de citron, le thym, l'ail, la moutarde, le sel et le poivre dans le fond d'un grand bol à mélanger. Ajoutez le farro et lancez. Incorporer le persil et les flocons de piment rouge, le cas échéant. Assaisonner au goût et servir.

21.Cilantro Lime Riz

Ingrédients

* ❖ 1 tasse de riz au jasmin à grains longs, bien rincé et égoutté

* ❖ 1½ tasse d'eau

❖ 3 cuillères à café d'huile d'olive extra vierge, divisées

❖ 1 petite gousse d'ail finement émincée

❖ 2 oignons verts, hachés finement

❖ 1 cuillère à café de zeste de citron vert

❖ $\frac{1}{4}$ à $\frac{1}{2}$ cuillère à café de sel de mer

❖ 1$\frac{1}{2}$ cuillère à soupe de jus de citron vert

❖ $\frac{1}{2}$ tasse de coriandre finement hachée

❖ une pincée de flocons de piment rouge ou $\frac{1}{4}$ de jalapeño coupé en dés, facultatif

PAS

1. Mélangez le riz, l'eau et 1 cuillère à café d'huile d'olive dans une casserole moyenne. Porter à ébullition, couvrir et laisser mijoter. Laisser mijoter 20 minutes (ou vérifier l'heure indiquée sur l'emballage de votre riz).

2. Découvrir, gonfler avec une fourchette, puis ajouter l'ail, les oignons verts et le zeste de lime et mélanger pour combiner. Laisser refroidir 1 minute puis ajouter les 2 cuillères à café restantes

d'huile d'olive, $\frac{1}{4}$ cuillère à café de sel, le jus de lime, la coriandre et les flocons de piment rouge ou jalapeño, si vous en utilisez. Remuer pour combiner et assaisonner au goût.

Recette de couscous au citron

Ingrédients

- ❖ 1 tasse d'eau

- ❖ 1 tasse de couscous

❖ 1 cuillère à soupe plus 1 cuillère à café d'huile d'olive extra vierge

❖ 3/4 cuillère à café de sel de mer, plus au goût

❖ 2 gousses d'ail émincées

❖ Zest de 1 citron

❖ 1 cuillère à soupe de jus de citron frais

❖ 1/3 tasse de persil haché

❖ 2 cuillères à soupe de pignons de pin

❖ pincées de flocons de piment rouge, facultatif

PAS

1. Dans une casserole moyenne, porter l'eau à ébullition. Ajouter le couscous, 1 cuillère à café d'huile d'olive et 1/2 cuillère à café de sel de mer et remuer. Couvrir, retirer du feu et laisser reposer 5 minutes.

2. Égouttez le couscous avec une fourchette, transférez-le dans un grand bol et mélangez-le avec 1 cuillère à soupe d'huile d'olive restante, 1/4 cuillère à café de sel de mer, l'ail, le zeste de

citron, le jus de citron, le persil et les pignons de pin.

3. Transférer le mélange dans un plat de service et garnir de pignons de pin supplémentaires, de persil et de flocons de piment rouge, si désiré.

23. lentilles

Ingrédients

❖ Lentilles cuites

❖ 1 tasse de lentilles vertes ou noires françaises non cuites

- ❖ pot d'eau

- ❖ Vinaigrette au citron et aux fines herbes, facultatif

- ❖ 3 cuillères à soupe de jus de citron

- ❖ 1 cuillère à soupe d'huile d'olive extra vierge

- ❖ 1 cuillère à café de sel de mer

- ❖ ¼ cuillère à café de moutarde de Dijon

- ❖ poivre noir fraichement moulu

- ❖ 1/2 tasse de persil haché

- ❖ pincées de flocons de piment rouge, facultatif.

PAS

1. Cuire les lentilles: Dans une casserole moyenne, mélanger les lentilles et l'eau et porter à ébullition. Couvrir, réduire le feu et laisser mijoter, en remuant de temps en temps, de 17 à 20 minutes ou jusqu'à ce qu'ils soient tendres mais pas pâteux. Égouttez tout excès d'eau, laissez refroidir. Utilisez dans n'importe quelle recette qui demande des lentilles cuites.

2. Préparez la vinaigrette au citron et aux fines herbes: Transférez les lentilles cuites dans un bol moyen. Incorporer le jus de citron, l'huile d'olive, le sel, la moutarde et le poivre. Incorporer le persil et les flocons de piment rouge, le cas échéant. Servir comme plat d'accompagnement ou conserver au réfrigérateur jusqu'à 5 jours.

24 Gruau de nuit avec confiture de chia aux bleuets

Ingrédients

pour la confiture: (donne environ 2 tasses)

- ❖ 3 tasses de myrtilles

- ❖ 2 cuillères à soupe de sirop d'érable

- ❖ 1 cuillère à soupe de jus de citron frais

- ❖ $\frac{1}{2}$ cuillère à café d'extrait de vanille

- ❖ $\frac{1}{2}$ cuillère à café de cannelle moulue

- ❖ 3 cuillères à soupe de graines de chia

- ❖ pincée de sel de mer

- ❖ pour l'avoine: (quantité pour 1 portion)

- ❖ $\frac{1}{2}$ tasse d'avoine à l'ancienne Quaker®

- ❖ $\frac{1}{2}$ tasse de lait d'amande vanille

- ❖ 1 cuillère à soupe de confiture de chia aux bleuets

- ❖ $\frac{1}{2}$ cuillère à café de zeste de citron

- ❖ $\frac{1}{4}$ tasse de myrtilles

PAS

1. Faites la confiture. Dans une casserole moyenne à feu moyen, faire mijoter les bleuets, le jus de citron et la vanille pendant 3 à 5 minutes, en les écrasant doucement et en remuant souvent. Ajouter le sirop d'érable, la cannelle et le sel et retirer du feu. Incorporer les graines de chia et transférer dans un bocal en verre. Laisser refroidir légèrement, puis mettre au réfrigérateur pour refroidir pendant au moins une heure. Si votre confiture n'est pas suffisamment prise, ajoutez plus de graines de chia.

2. Assemblez les flocons d'avoine. Ajouter l'avoine Quaker dans un bocal en verre, verser le lait et étendre la confiture de bleuets, les myrtilles et le zeste de citron.

3. Réfrigérer toute la nuit et savourer le matin.

25. Granola fait maison

Ingrédients

- ❖ 2 tasses de flocons d'avoine entiers
- ❖ 1/2 tasse de noix hachées
- ❖ 1/2 tasse de flocons de noix de coco, facultatif
- ❖ 2 cuillères à café de cannelle
- ❖ 1/2 cuillère à café de sel de mer
- ❖ 2 cuillères à soupe d'huile de coco fondue
- ❖ 1/4 tasse de sirop d'érable
- ❖ 2 cuillères à soupe de beurre d'amande crémeux
- ❖ 1/3 tasse de canneberges séchées, facultatif

PAS

1. Préchauffer le four à 300 ° F et tapisser une plaque à pâtisserie de papier sulfurisé.

2. Dans un bol moyen, mélanger les flocons d'avoine, les noix, les flocons de noix de coco, le cas échéant, la cannelle et le sel. Arrosez d'huile de coco et de sirop d'érable et ajoutez le beurre d'amande.

Remuer jusqu'à homogénéité. Verser le granola sur la plaque à pâtisserie et presser le mélange dans un ovale de 1 pouce d'épaisseur. Cela encouragera l'agglutination.

3. Cuire au four pendant 15 minutes, faire tourner le moule à moitié et utiliser une fourchette pour casser doucement le granola en morceaux juste un peu. Cuire au four pendant 15 minutes de plus ou jusqu'à ce qu'ils soient dorés. Saupoudrer de canneberges séchées, si désiré. Laisser refroidir 15 minutes avant de servir.

Gruau croquant aux pommes et à la cannelle pour la nuit

Ingrédients

- ❖ ½ tasse d'avoine à l'ancienne Quaker

- ❖ $\frac{1}{2}$ tasse de lait d'amande

- ❖ $\frac{1}{2}$ tasse de pomme coupée en dés

- ❖ un petit filet de citron (pour garder les pommes fraîches toute la nuit)

- ❖ $\frac{1}{8}$ cuillère à café de cannelle

- ❖ 1 cuillère à soupe de granola (j'en ai fait un similaire à cette recette)

- ❖ 1 cuillère à café de miel (sous sirop d'érable si végétalien)

PAS

1. Mélangez les flocons d'avoine et le lait d'amande dans un bocal. Mélangez la pomme avec un peu de jus de citron et ajoutez-la au pot avec une pincée de cannelle. Réfrigérez toute la nuit.

2. Le matin, garnir de granola et d'un filet de miel ou de sirop d'érable.

27 Meilleur petit déjeuner Burrito

Ingrédients

❖ 1 livre de petites pommes de terre rondes jaunes, coupées en morceaux de $\frac{1}{2}$ pouce

❖ Huile d'olive extra vierge, pour arroser

❖ $\frac{1}{2}$ cuillère à café de paprika fumé

- ❖ Pincées de flocons de piment rouge

- ❖ 1 poivron rouge

- ❖ 9 gros œufs

- ❖ 3 tortillas de 12 pouces

- ❖ 1 tasse d'épinards frais

- ❖ $\frac{1}{2}$ tasse de chou rouge râpé, facultatif, pour la couleur et le croquant

- ❖ $\frac{3}{4}$ tasse de haricots noirs cuits, égouttés et rincés

- ❖ $\frac{1}{2}$ tasse de pico de gallo

- ❖ 1 avocat mûr

- ❖ $\frac{1}{2}$ tasse de feuilles de coriandre

- ❖ Sel de mer et poivre noir fraîchement moulu

- ❖ 1 citron vert, à presser

- ❖ Vinaigrette à la coriandre et à la lime, pour tremper

PAS

1. Préchauffer le four à 425 ° F et tapisser une grande plaque à pâtisserie de papier sulfurisé. Déposer les pommes de terre sur la plaque, arroser d'huile d'olive et saupoudrer généreusement de sel et de poivre, de paprika fumé et de pincées de flocons de piment rouge. Remuer pour enrober, étendre uniformément sur la poêle et cuire au four pendant 30 minutes ou jusqu'à ce que le mélange soit doré et croustillant sur les bords.

2. Chauffer une poêle à griller sur la cuisinière à feu moyen. Placez le poivron rouge sur la poêle et laissez-le carboniser pendant 4 à 5 minutes de chaque côté, ou jusqu'à ce que le poivron soit tendre et que chaque côté ait des marques de gril noires. Alternativement, vous pouvez le rôtir au four jusqu'à ce qu'il soit tendre. Retirer du gril, retirer la tige et les côtes et couper le poivron en lanières.

3. Brouiller les œufs: badigeonner légèrement une poêle moyenne antiadhésive d'huile d'olive et porter à feu moyen. Ajouter les œufs, laisser cuire quelques secondes, puis remuer et brouiller jusqu'à ce que les œufs soient juste pris.

4. Assemblez les burritos: Répartissez les feuilles d'épinards et le chou rouge, le cas échéant, parmi

les tortillas. Garnir avec les œufs, les lanières de poivron rouge, les haricots noirs, le pico de gallo, les pommes de terre, l'avocat et la coriandre. Saupoudrer de sel et de poivre et d'un filet de citron vert. Pliez les côtés gauche et droit de la tortilla sur la garniture. Pliez le rabat inférieur du burrito vers le haut et sur la garniture, en repliant les côtés et la garniture pendant que vous roulez le burrito. Envelopper dans du papier d'aluminium, trancher et servir avec la vinaigrette à la coriandre et à la lime pour tremper.

28.Casserole de petit-déjeuner sain

Ingrédients

- ❖ 2 patates douces, coupées en cubes

- ❖ 10 à 12 onces de champignons mélangés,
  (champignons cremini, coupés en quartiers)

- ❖ 1 bouquet d'asperges, parties tendres, hachées

- ❖ Huile d'olive extra vierge, pour arroser

- ❖ 12 gros œufs

- ❖ ½ tasse de lait d'amande

- ❖ 1 gousse d'ail émincée

- ❖ ½ à 1 cuillère à café de sel de mer *

- ❖ ½ cuillère à café de poivre noir

- ❖ 4 onces de fromage feta émietté

- ❖ 1 bouquet d'oignons verts, hachés

- ❖ 1 tasse de pois surgelés, décongelés

- ❖ Micropousses, facultatif, pour la garniture

PAS

1. Préchauffer le four à 400 ° F et tapisser 2 plaques à pâtisserie de papier sulfurisé. Sur une plaque à pâtisserie étalez les patates douces, sur l'autre plaque à pâtisserie étalez les champignons et les asperges. Arroser d'huile d'olive et saupoudrer de pincées de sel et de poivre et mélanger pour enrober. Faites rôtir les patates douces pendant 30 minutes. Mettre la plaque à pâtisserie avec les champignons et les asperges au four à rôtir pendant les 10 dernières minutes.

2. Dans un bol moyen, fouetter ensemble les œufs, le lait, l'ail, le sel et le poivre noir.

3. Réduisez la température du four à 350 ° F. Vaporiser légèrement un plat de cuisson de 9 x 13 po ** avec un spray antiadhésif. Placez toutes les patates douces uniformément au fond du plat de cuisson. Ajouter la moitié des légumes de la deuxième plaque à pâtisserie et étaler uniformément. Saupoudrer de fromage feta, d'oignons verts et de petits pois.

4. Versez uniformément le mélange d'œufs sur les légumes. Ajouter les champignons et les asperges restants.

5. Cuire au four de 40 à 45 minutes ou jusqu'à ce que les œufs soient pris et que les bords soient légèrement dorés. Laisser reposer la cocotte pendant 10 minutes avant de la trancher.

6. Garnir les tranches de micropousses et assaisonner avec du sel et du poivre supplémentaires, si désiré.

29 Muffins végétariens à la frittata

Ingrédients

- ❖ 8 gros œufs

- ❖ ⅓ tasse de lait d'amande non sucré

- ❖ 1 gousse d'ail émincée

- ❖ ¼ cuillère à café de moutarde de Dijon (j'aime Sir Kensington's)

- ❖ ½ cuillère à café de sel de mer

- ❖ poivre noir fraichement moulu

- ❖ 2 à 4 cuillères à soupe d'aneth frais haché

- ❖ 2 petites feuilles de chou frisé, finement déchiquetées

- ❖ 1 tasse de tomates cerises coupées en deux

- ❖ ¼ tasse d'oignons verts

- ❖ ⅓ tasse de feta émiettée

PAS

1. Préchauffer le four à 350 ° F et badigeonner un moule à muffins antiadhésif avec de l'huile d'olive ou un aérosol de cuisson antiadhésif.

2. Dans un grand bol, fouetter ensemble les œufs, le lait, l'ail, la moutarde de Dijon, la majeure partie de l'aneth (réserver un peu pour la garniture), le sel et le poivre. Versez juste un peu du mélange d'œufs dans le fond de chaque moule à muffins. Répartir le chou frisé, les tomates, les oignons verts et la feta dans chaque tasse, puis verser le reste du mélange d'œufs sur le dessus.

3. Cuire au four de 20 à 22 minutes ou jusqu'à ce que les œufs soient pris. Assaisonner de sel et de poivre au goût et garnir du reste de l'aneth. Conservez les frittatas restantes au réfrigérateur jusqu'à 2 jours.

30.Petit déjeuner Panzanella

Ingrédients

- ❖ Restes de Panzanella, environ 1 tasse par personne

- ❖ 1 à 2 œufs au plat par personne

- ❖ tranches de basilic frais

PAS

1. Tout d'abord, sortez les restes de Panzanella du réfrigérateur. Transférer environ 1 tasse dans chaque assiette et laisser revenir à température ambiante pendant que vous préparez les œufs et versez votre café.

2. Faites frire les œufs et garnissez-les sur les assiettes de Panzanella. Ajouter le basilic fraîchement coupé et des pincées de sel et de poivre. Prendre plaisir!

31. Meilleur Shakshuka

Ingrédients

- ❖ 2 cuillères à soupe d'huile d'olive extra vierge

- ❖ 1 tasse d'oignon jaune haché

- ❖ 1 poivron rouge, épépiné et coupé en dés

- ❖ $\frac{1}{4}$ cuillère à café de sel de mer, plus au goût

- ❖ Poivre noir fraichement moulu

- ❖ 3 gousses d'ail moyennes, émincées

- ❖ $\frac{1}{2}$ cuillère à café de paprika fumé

- ❖ $\frac{1}{2}$ cuillère à café de cumin moulu

- ❖ Une pincée de poivre de Cayenne, facultatif

- ❖ 1 boîte de 28 onces de tomates concassées

- ❖ 2 cuillères à soupe de pâte d'harissa *, voir note

- ❖ 1 tasse d'épinards frais, hachés

- ❖ 3 à 5 œufs

- ❖ ⅓ tasse de fromage feta émietté

- ❖ $\frac{1}{4}$ tasse de feuilles de persil frais

- ❖ 1 avocat, coupé en dés

- ❖ Micropousses pour la garniture, facultatif

- ❖ Pain grillé, pour servir

PAS

1. Chauffer l'huile à feu moyen dans une poêle en acier inoxydable ou en fonte émaillée de 12 pouces. Ajouter l'oignon, le poivron rouge, le sel et plusieurs morceaux de poivre frais et cuire jusqu'à ce que l'oignon soit tendre et translucide, 6 à 8 minutes.

2. Réduire le feu à moyen-doux et ajouter l'ail, le paprika, le cumin et le poivre de Cayenne, le cas échéant. Remuer et laisser cuire environ 30 secondes, puis ajouter les tomates et la pâte d'harissa. Laisser mijoter 15 minutes jusqu'à ce que la sauce épaississe.

3. Ajouter les épinards et remuer jusqu'à ce qu'ils soient fanés. Faire 3 à 5 puits dans la sauce et casser les œufs. Couvrir et cuire jusqu'à ce que les œufs soient pris, 5 à 8 minutes. Le moment dépendra de la façon dont vous aimez les jaunes d'œufs.

4. Assaisonner de sel et de poivre au goût et saupoudrer de feta, de persil, d'avocat et de micropousses, le cas échéant. Servir avec du pain grillé pour le ramassage.

32.Hash petit-déjeuner à la courge musquée

Ingrédients

❖ 2 tasses de courge musquée en cubes

❖ 1 cuillère à soupe d'huile d'olive extra vierge, et plus pour arroser

- ⅓ tasse d'oignons verts hachés

- 1 petite courgette, coupée en morceaux de 1 pouce (1½ tasse)

- 1½ tasse de broccolini ou de fleurons de brocoli hachés

- 2 cuillères à soupe de romarin ou de sauge frais émincé

- 1 cuillère à café de vinaigre balsamique ou de xérès ou de jus de citron frais

- 1 gousse d'ail finement hachée

- 3 feuilles de chou frisé, tiges et hachées

- 3 à 4 œufs au plat

- Sel de mer et poivre noir fraîchement moulu

- Quelques pincées de paprika fumé (facultatif)

- Radis tranchés finement, pour la garniture (facultatif)

PAS

1. Préchauffer le four à 400 ° F et tapisser une grande plaque à pâtisserie de papier sulfurisé. Mélangez la courge musquée avec un filet d'huile d'olive et quelques pincées de sel et de poivre. Rôtir jusqu'à ce qu'il soit doré, 25 à 30 minutes.

2. Chauffer l'huile d'olive dans une grande poêle à feu moyen. Ajouter les oignons verts, les courgettes, les broccolini, le romarin et quelques pincées de sel et de poivre. Cuire de 5 à 8 minutes ou jusqu'à ce qu'ils soient légèrement dorés. Ajouter le vinaigre ou le jus de citron, l'ail, la courge musquée rôtie, le chou frisé, une autre pincée de sel et de poivre et une pincée de paprika fumé, le cas échéant. Faire sauter jusqu'à ce que tout soit doré, environ 5 minutes de plus, en remuant de temps en temps. Assaisonner selon l'envie. Garnir de radis tranchés, le cas échéant, et garnir d'œufs au plat.

33. Smoothie au café et à la cannelle

Ingrédients

❖ 1 banane surgelée

❖ 1 cuillère à soupe de beurre d'amande

❖ 2 à 4 cuillères à soupe de café ou d'espresso concentré à froid

❖ 4 glaçons

❖ $\frac{3}{4}$ tasse de lait d'amande, plus si nécessaire pour mélanger

❖ 1 cuillère à café de cannelle

❖ 1 cuillère à soupe de poudre de maca, facultatif *

❖ 1 cuillère à soupe de poudre de protéines de vanille, facultatif *

❖ 1 datte medjool ou édulcorant de votre choix, facultatif

PAS

1. Ajouter tous les ingrédients dans un mélangeur et mélanger jusqu'à consistance lisse. Ajoutez plus de lait d'amande, au besoin.

34. Smoothie à la mangue verte

2 cuillères à café de matcha

1 tasse de lait d'amande

❖ 1 mangue, tranchée

❖ quelques poignées de glace

❖ facultatif - 1 banane surgelée

PAS

1. Mélanger tous les ingrédients jusqu'à consistance
   lisse. Pour un smoothie plus crémeux, ajoutez la
   banane surgelée.

Ingrédients

- ❖
- ❖

35. Smoothie aux bleuets

1 tasse de bleuets surgelés

½ tasse de framboises surgelées

❖ ¼ tasse d'amandes blanchies et pelées, noix de cajou crues ou ½ banane surgelée

❖ 1½ tasse de lait d'amande

❖ une pincée de citron

❖ 1 cuillère à soupe de mélange AIYA Rooibos Zen Cafe, facultatif

❖ ½ cuillère à soupe de miel ou de sirop d'érable, facultatif

PAS

1. Mélangez tous les ingrédients ensemble. Ajoutez plus de lait d'amande pour fluidifier la consistance, si nécessaire.

Ingrédients

- ❖

- ❖

36.Superfood Sunshine Smoothie à l'orange

2 bananes (congelées, idéalement)

½ - ¾ tasse de lait d'amande original Brise d'amande

❖ jus d'une orange moyenne, plus un peu de zeste

❖ 2 cuillères à soupe de baies de goji

❖ ½ cuillère à café de gingembre râpé ou un peu de jus de gingembre

❖ ¼ tasse de graines de chanvre (facultatif)

❖ Une poignée de glace

PAS

1. Mélangez tous les ingrédients et ajustez à votre goût.

Ingrédients

- ❖
- ❖

37. Smoothie à la vanille et au matcha

2 bananes, congelées

1 tasse de lait d'amande original Brise d'amande

❖ Matcha en poudre - de quelques cuillères à café à quelques cuillères à soupe selon votre matcha et votre goût. J'ai utilisé quelques cuillères à soupe de ce type.

❖ Gousse de vanille - une petite éraflure d'environ 1 pouce de la gousse

❖ Quelques poignées de glace

❖ Miel, agave ou édulcorant au choix (facultatif)

PAS

1. Mélangez tout ensemble. Goûtez et ajustez à votre goût. Ajoutez un peu d'édulcorant si vous le souhaitez.

Ingrédients

- ❖
- ❖

38. Pudding au chia le plus facile

¼ tasse de graines de chia

1½ tasse de lait de cajou, de lait d'amande ou de lait de coco

❖ 1 cuillère à soupe de sirop d'érable, plus pour servir

❖ ¼ cuillère à café de cannelle

❖ pincée de sel de mer

❖ ½ cuillère à soupe de jus de citron Meyer ou de jus d'orange, facultatif

❖ zeste de citron ou quelques gouttes d'huile de citron, facultatif

❖ k2 fruits de saison et / ou noix hachées, pour garnir

PAS

1. Dans un grand bocal ou un grand bol, mélanger les graines de chia, le lait, le sirop d'érable, la cannelle, le sel, le jus de citron et le zeste de citron, le cas échéant.

2. Refroidir à couvert pendant 30 minutes, puis remuer à nouveau en incorporant les graines de

Ingrédients

❖

❖

chia qui ont coulé au fond. Réfrigérez pendant environ 6 heures, ou toute la nuit, jusqu'à ce que le pudding de chia soit épais. S'il devient trop épais, ajoutez un peu plus de lait pour obtenir la consistance désirée.

3. Pour servir, verser le pouding au chia dans des bols et garnir de fruits, de noix et de sirop d'érable, au goût.

39. Pain aux bananes sain

Ingrédients

- ❖ 2 bananes très mûres, écrasées (1 tasse)
- ❖ ½ tasse de sucre de coco ou de sucre ordinaire
- ❖ ¾ tasse de lait d'amande ou n'importe quel lait

- ❖ ⅓ tasse d'huile d'olive extra vierge, plus pour le brossage

- ❖ 1 cuillère à café d'extrait de vanille

- ❖ 1 cuillère à café de vinaigre de cidre de pomme

- ❖ 1½ tasse de farine à pâtisserie de blé entier *, voir note

- ❖ ½ tasse de farine d'amande

- ❖ 2 cuillères à café de levure

- ❖ ¼ cuillère à café de bicarbonate de soude

- ❖ ½ cuillère à café de sel de mer

- ❖ ½ cuillère à café de cannelle

- ❖ ¼ cuillère à café de muscade

- ❖ ½ tasse de noix hachées

- ❖ Garniture

- ❖ 2 cuillères à soupe de noix hachées

- ❖ 1 1/2 cuillère à soupe de flocons d'avoine

PAS

1. Préchauffer le four à 350 ° F et badigeonner un moule à pain de 9 x 5 pouces avec un peu d'huile d'olive.

2. Dans un grand bol, mélanger la purée de bananes avec le sucre, le lait d'amande, l'huile d'olive, la vanille et le vinaigre de cidre de pomme et fouetter jusqu'à homogénéité.

3. Dans un bol moyen, mélanger les farines, la poudre à pâte, le bicarbonate de soude, le sel, la cannelle et la muscade.

4. Ajouter les ingrédients secs dans le bol avec les ingrédients humides et remuer jusqu'à ce qu'ils soient tout juste combinés, puis incorporer les noix. Versez dans la casserole préparée et saupoudrez de noix hachées et d'avoine.

5. Cuire au four de 42 à 50 minutes ou jusqu'à ce qu'un cure-dent inséré au centre en ressorte propre.

40 Pain à la citrouille, aux canneberges et aux graines d'Alanna

Ingrédients

- ❖ 1½ tasse (175 g) de moitiés de noix crues

- ❖ 1 tasse (140 g) de graines de citrouille crues (pepitas)

- ❖ 2¾ tasses (250 g) de flocons d'avoine à l'ancienne GF

- ❖ 1 tasse (145 g) de canneberges séchées

- ❖ ½ tasse (90 g) de graines de lin

- ❖ ⅓ tasse (30 g) de cosses de psyllium

- ❖ ¼ tasse (40 g) de graines de chia

- ❖ 2 c. À thé (9 g) de sel de mer fin

- ❖ ¾ cuillère à café de cannelle moulue

- ❖ ½ cuillère à café de muscade fraîchement râpée

- ❖ 1 boîte (15 oz) de purée de citrouille non sucrée

- ❖ 1 tasse d'eau (235 ml) d'eau

* $\frac{1}{4}$ tasse (60 ml) de sirop d'érable

* $\frac{1}{4}$ tasse (60 ml) d'huile de tournesol (ou d'huile d'olive légère)

PAS

1. Placer une grille au centre du four et préchauffer à 325 ° F (165 ° C). Étalez les noix et les graines de citrouille sur une petite plaque à pâtisserie à rebord et faites griller jusqu'à ce qu'elles soient dorées et parfumées, en mélangeant la poêle de temps en temps, 10 à 15 minutes. Retirer du four.

2. Pendant ce temps, dans un grand bol, mélanger l'avoine, les canneberges, les graines de lin, les cosses de psyllium, les graines de chia, le sel, la cannelle et la muscade pour combiner. Incorporer les noix chaudes et les graines de citrouille. Ajouter la purée de citrouille, l'eau, le sirop d'érable et l'huile de tournesol et bien mélanger avec une cuillère en bois solide ou vos mains pour vous assurer que la «pâte» est bien humidifiée et répartie uniformément.

3. Tapisser un moule à pain de 9 x 5 pouces de tous les côtés avec du papier parchemin et gratter la pâte dans le moule préparé, l'emballer et l'arrondir

légèrement sur le dessus; il ne montera pas dans le four. Couvrir hermétiquement d'un morceau de pellicule plastique et laisser reposer à température ambiante pendant 2 à 8 heures.

4. Lorsque vous êtes prêt à cuire, préchauffez le four à 400 ° F. Cuire le pain pendant 1 heure et 15 minutes; il sera profondément bronzé sur le dessus et sera ferme au toucher. (Remarque: la première fois que j'ai fait cela, je l'ai sorti un peu tôt - ne faites pas cela - laissez-le cuire tout le temps même si l'extérieur sera très sombre). Laisser refroidir complètement, au moins 2 heures. Le pain est mieux tranché assez finement et bien grillé. Il se conservera hermétiquement au réfrigérateur jusqu'à 2 semaines.

41.Gâteau quatre-quarts au yogourt et au citron

Ingrédients

❖ 1 tasse de farine tout usage

- ❖ $\frac{1}{2}$ tasse de farine d'amande

- ❖ 2 cuillères à café de levure

- ❖ 2 cuillères à café de cannelle

- ❖ $\frac{1}{2}$ cuillère à café de cardamome

- ❖ $\frac{1}{2}$ cuillère à café de muscade

- ❖ $\frac{3}{4}$ cuillère à café de sel de mer

- ❖ $\frac{1}{2}$ tasse de sucre de canne

- ❖ 1 cuillère à soupe de zeste de citron

- ❖ $\frac{3}{4}$ tasse de yogourt au lait entier biologique Stonyfield, plus pour servir

- ❖ $\frac{1}{2}$ tasse d'huile d'olive extra vierge

- ❖ 2 oeufs

- ❖ 1 cuillère à café d'extrait de vanille

- ❖ fruits frais, pour servir

PAS

1. Préchauffer le four à 350 ° F et vaporiser un moule à pain de 8 x 4 pouces avec un enduit à cuisson.

2. Dans un grand bol, mélanger la farine, la farine d'amande, la poudre à pâte, la cannelle, la cardamome, la muscade et le sel.

3. Dans un autre grand bol, fouetter ensemble le sucre de canne et le zeste de citron. Ajoutez ensuite le yogourt, l'huile d'olive, les œufs et la vanille et fouettez pour combiner.

4. Versez les ingrédients secs dans le bol avec les ingrédients humides et remuez jusqu'à ce qu'ils soient tout juste combinés. Ne mélangez pas trop.

5. Versez la pâte dans le moule à pain et faites cuire de 40 à 50 minutes ou jusqu'à ce qu'un cure-dent en ressorte propre.

6. Servir avec des cuillerées de yaourt et des fruits frais.

Pain aux courgettes au chocolat

Ingrédients

❖ 1¼ tasse de farine à pâtisserie de blé entier *

- ❖ 1¼ de farine tout usage

- ❖ ⅓ tasse de cacao en poudre

- ❖ 1 cuillère à soupe de levure chimique

- ❖ 1 cuillère à café de bicarbonate de soude

- ❖ 1 cuillère à café de sel de mer

- ❖ 1 cuillère à café de cannelle

- ❖ ½ cuillère à café de muscade

- ❖ 3 oeufs

- ❖ 1½ tasse de lait d'amande, température ambiante

- ❖ ¼ tasse d'huile de noix de coco, fondue

- ❖ ⅔ tasse de sirop d'érable

- ❖ 2 cuillères à café d'extrait de vanille

- ❖ 2 tasses de courgettes non pelées, râpées

- ❖ 1 tasse de pépites de chocolat mi-sucré, plus pour saupoudrer sur le dessus

PAS

1. Préchauffer le four à 350 ° F et vaporiser légèrement deux moules à pain de 8 x 4 po avec un spray antiadhésif.

2. Dans un bol moyen, mélanger la farine, le cacao en poudre, la poudre à pâte, le bicarbonate de soude, le sel, la cannelle et la muscade.

3. Dans un grand bol, fouetter ensemble les œufs, le lait d'amande, l'huile de coco, le sirop d'érable et la vanille. Incorporer les courgettes. Ajouter les ingrédients secs dans le bol et remuer jusqu'à ce qu'ils soient tout juste combinés. Ne mélangez pas trop. Incorporer les pépites de chocolat.

4. Versez la pâte dans les moules à pain. Saupoudrer de pépites de chocolat et cuire au four pendant 45 à 50 minutes, ou jusqu'à ce qu'un cure-dent inséré en ressorte propre et que le dessus revienne au toucher. Retirez du four et laissez refroidir entièrement.

43. Pain doré classique

Ingrédients

- ❖ Baies macérées

- ❖ 2 tasses de fraises en dés

- ❖ ½ tasse de framboises surgelées, décongelées, avec leur jus

- ❖ Des pincées de sucre de canne

- ❖ Pain perdu

- ❖ 4 œufs

- ❖ 1 tasse de lait d'amande ou n'importe quel lait

- ❖ 1 cuillère à café de cannelle

- ❖ ¼ cuillère à café de cardamome

- ❖ Une pincée de sel de mer

- ❖ 8 tranches de 1 pouce de pain challah * (voir note)

- ❖ L'huile de coco, pour le brossage

- ❖ Sirop d'érable, pour servir

PAS

1. Préparez les baies macérées: Dans un bol moyen, mélangez les fraises, les framboises et quelques pincées de sucre. Réserver 10 minutes pour que les baies ramollissent. Remuer avant de servir.

2. Préparez le pain doré: Dans un grand bol, fouettez ensemble les œufs, le lait, la cannelle, la cardamome et le sel. Trempez chaque tranche de pain dans le mélange et mettez le pain trempé de côté sur un grand plateau ou une assiette.

3. Chauffer une poêle antiadhésive à feu moyen et badigeonner d'huile de coco. Ajouter les tranches de pain et cuire jusqu'à ce qu'elles soient dorées, environ 2 minutes de chaque côté. Réduisez le feu à doux au besoin pour bien cuire sans brûler. Servir avec le sirop d'érable et les baies macérées.

44.Gaufres aux carottes végétaliennes

Ingrédients

❖ 2 tasses (500 ml) de farine d'épeautre entière ou d'un mélange blanc / blé

❖ 2 cuillères à thé (10 ml) de poudre à pâte

❖ 2 cuillères à soupe (30 ml) de graines de lin moulues

❖ $\frac{1}{2}$ cuillère à thé (2 ml) de cannelle

❖ 1 tasse (250 ml) de carottes râpées

❖ 2 tasses (500 ml) de lait d'amande à température ambiante

❖ $\frac{1}{4}$ tasse (60 ml) d'huile de noix de coco fondue

❖ 1 cuillère à thé (5 ml) d'extrait de vanille

❖ 2 cuillères à soupe (30 ml) de sirop d'érable, plus un supplément pour servir

❖ Sel de mer

❖ Sirop d'érable et / ou crème de coco, pour servir

PAS

1. Préchauffez un gaufrier.

2. Dans un grand bol, mélanger la farine, la poudre à pâte, les graines de lin, la cannelle et une pincée de sel.

3. Dans un bol moyen, mélanger les carottes râpées, le lait d'amande, l'huile de coco, la vanille et le sirop d'érable. Pliez le mélange de carottes dans les ingrédients secs et remuez jusqu'à ce que tout soit mélangé.

4. Versez une quantité appropriée de pâte sur votre gaufrier et faites cuire jusqu'à ce que les bords soient légèrement croustillants. Servir avec du sirop d'érable et de la crème de coco, le cas échéant.

45. Sandwich aux tomates

Ingrédients

- ❖ Purée de haricots blancs:

- ❖ 1 $\frac{1}{2}$ tasse de haricots cannellini cuits, égouttés et rincés

- ❖ 2 cuillères à soupe d'huile d'olive extra vierge

- ❖ 2 gousses d'ail

- ❖ 3 cuillères à soupe de jus de citron

- ❖ 1 cuillère à café de câpres

- ❖ sel de mer et poivre noir fraîchement moulu

- ❖ pour les sandwichs:

- ❖ 8 tranches de pain grillé

- ❖ 4 feuilles de laitue au beurre

- ❖ 3 tomates anciennes, tranchées

- ❖ 2 avocats, tranchés

- ❖ Sel de mer et poivre noir fraîchement moulu

- ❖ 8 feuilles de basilic frais

- ❖ pincée de paprika fumé, facultatif

- ❖ saupoudrer de graines de chanvre, facultatif

PAS

1. Dans un mélangeur, réduire en purée les haricots cannellini, l'huile d'olive, l'ail, le jus de citron et les câpres. Assaisonnez avec du sel et du poivre selon

votre goût. Réfrigérez jusqu'au moment de l'utiliser.

2. Assemblez les sandwichs avec le pain grillé, la purée de haricots blancs, la laitue, les tomates, l'avocat, le basilic frais, le sel de mer, le poivre, une pincée de paprika fumé et une pincée de graines de chanvre si vous le souhaitez.

46 Biscuits à la pistache et aux canneberges

Ingrédients

- ❖ 2 tasses de flocons d'avoine réguliers

- ❖ 1 tasse de farine d'épeautre entière

- ❖ 1 tasse de farine d'amande

- ❖ $\frac{1}{2}$ cuillère à café de levure chimique sans aluminium

- ❖ $\frac{1}{2}$ cuillère à café de cardamome moulue

- ❖ $\frac{1}{2}$ cuillère à café de cannelle moulue

- ❖ K2$\frac{3}{4}$ tasse d'huile de noix de coco fondue

- ❖ $\frac{3}{4}$ tasse de sirop d'érable

- ❖ 1 cuillère à soupe d'extrait de vanille

- ❖ $\frac{1}{2}$ cuillère à café de sel de mer

- ❖ $\frac{1}{4}$ tasse de canneberges séchées

- ❖ $\frac{1}{4}$ tasse de mini pépites de chocolat végétaliennes

- ❖ $\frac{3}{4}$ tasses de pistaches, hachées grossièrement

Pas

1. Mélanger l'avoine, la farine d'épeautre, la farine d'amande, la poudre à pâte, la cardamome et la cannelle dans un bol moyen. Dans un autre bol, mélanger l'huile de noix de coco, le sirop d'érable, la vanille et le sel. Fouetter jusqu'à émulsification. Verser dans les ingrédients secs et bien mélanger; le mélange sera très humide. Réserver de 10 à 15 minutes pour permettre à la pâte de s'épaissir.

2. Préchauffer le four à 350 degrés F. Tapisser une plaque à pâtisserie de papier sulfurisé et réserver. Ajouter les canneberges, les pistaches et les pépites de chocolat à la pâte à biscuits et mélanger jusqu'à homogénéité.

3. À l'aide d'une mesure $\frac{1}{4}$ tasse humide, déposer la pâte à biscuits sur une plaque à pâtisserie, aplatir

légèrement et cuire au four 15 minutes ou jusqu'à ce qu'elle soit dorée sur les bords. À l'aide d'une spatule, transférez soigneusement les biscuits sur une grille. Ils se raffermiront lorsqu'ils seront complètement refroidis. Conservez les restes de biscuits dans un contenant hermétique par temps chaud, conservez-les au réfrigérateur.

47 Boules de bonheur au gâteau aux carottes presque crues

Ingrédients

- ❖ 1 tasse de graines de tournesol décortiquées crues

- ❖ 1 tasse de noix de coco râpée non sucrée + ⅓ tasse à rouler

- ❖ ½ cuillère à café de cannelle

- ❖ ½ cuillère à café de sel de mer

- ❖ 12 dattes Medjool molles, dénoyautées et trempées si elles sont très sèches

- ❖ ⅔ tasse de carottes hachées

- ❖ 2 cuillères à café de sirop d'érable, plus au goût

PAS

1. Dans un robot culinaire, mélanger les graines de tournesol, 1 tasse de noix de coco râpée, la cannelle et le sel et mélanger jusqu'à ce que cela devienne un bon repas.

2. Ajouter les dattes et les carottes et mélanger jusqu'à ce que le mélange se combine et colle. Goûtez et ajoutez plus de sirop d'érable si vous souhaitez que vos bouchées soient plus sucrées. Si le mélange est trop sec, ajoutez plus de sirop d'érable; s'il est trop humide, ajoutez plus de noix de coco et / ou laissez refroidir le mélange au réfrigérateur pendant 20 minutes pour qu'il se raffermisse.

3. Utilisez une cuillère à soupe pour ramasser le mélange, puis utilisez vos mains pour le rouler en boules d'environ 1 pouce.

4. Rouler dans la noix de coco restante pour enrober l'extérieur, si désiré. Conserver au réfrigérateur dans un récipient hermétique jusqu'à 5 jours.

48 Carrés d'avoine à la pistache de Jessica

*

Ingrédients

- ❖ 1 tasse de pistaches décortiquées crues

- ❖ 1 tasse de flocons d'avoine *

- ❖ $\frac{1}{2}$ cuillère à café de sel de mer

- ❖ $\frac{1}{4}$ tasse de sirop d'érable, plus pour arroser le dessus

- ❖ 2 cuillères à soupe d'huile d'olive

- ❖ ⅓ tasse de flocons de noix de coco non sucrés

- ❖ poignée supplémentaire de pistaches hachées pour la garniture

PAS

1. Préchauffer le four à 350 degrés et tapisser un moule carré de 8 pouces de papier sulfurisé. Dans un robot culinaire avec la lame en S attachée, traitez les pistaches, l'avoine et le sel pendant environ 30 secondes, jusqu'à ce qu'un repas commence à se former. Arrosez de sirop d'érable et d'huile d'olive pendant que le moteur tourne encore et que le repas commence à se former en une pâte friable et presque humide.

2. Presser la pâte uniformément dans la poêle et la recouvrir de flocons de noix de coco et de pistaches restantes. Cuire au four de 10 à 12 minutes jusqu'à ce que la noix de coco soit bien dorée et que la pâte soit bien cuite. Vous voulez que les carrés soient encore un peu mous - ne les faites pas trop cuire.

3. Soulevez délicatement la pâte refroidie hors de la casserole en tenant les deux côtés du papier sulfurisé. Coupez-le en carrés. Arrosez un peu de sirop d'érable sur le dessus pour plus de douceur, si vous le souhaitez. Conservez les carrés dans un contenant scellé jusqu'à une semaine.

49. Boules d'énergie sans cuisson

Ingrédients

* ❖ 1 tasse de flocons d'avoine entiers (pas instantanés)

* ❖ 1 cuillère à soupe de graines de lin moulues + 3 cuillères à soupe d'eau tiède

* ❖ ¼ tasse de beurre d'amande rôti

- ❖ 2 cuillères à soupe de sirop d'érable

- ❖ 3 dattes Medjool molles dénoyautées (ou 2 cuillères à soupe supplémentaires de sirop d'érable)

- ❖ 2 cuillères à soupe d'huile de coco

- ❖ $\frac{1}{2}$ cuillère à café d'extrait de vanille

- ❖ $\frac{1}{4}$ cuillère à café de cannelle

- ❖ $\frac{1}{4}$ cuillère à café de sel de mer

- ❖ $\frac{1}{4}$ tasse de noix hachées

- ❖ $\frac{1}{2}$ tasse de noix de coco râpée

- ❖ ⅓ tasse de pépites de chocolat

PAS

1. Dans une poêle moyenne, faire griller les flocons d'avoine à feu doux jusqu'à ce qu'ils soient juste dorés sur les bords, environ 1 à 2 minutes. Retirer du feu et réserver.

2. Dans un petit bol, mélanger les graines de lin et l'eau tiède et laisser épaissir environ 5 minutes. Au robot culinaire, mélanger le beurre d'amande, le

147

sirop d'érable, les dattes, l'huile de coco, la vanille, la cannelle et le sel. Ajouter le mélange de graines de lin et mélanger jusqu'à consistance lisse.

3. Ajouter les noix et mélanger jusqu'à homogénéité. Ajouter l'avoine et la noix de coco et mélanger jusqu'à homogénéité. Ajouter les pépites de chocolat et mélanger jusqu'à ce qu'elles soient uniformément incorporées.

4. Rouler le mélange en 12 boules et réfrigérer jusqu'à fermeté, au moins 30 minutes. Si la pâte est trop collante pour être travaillée, laissez-la refroidir plusieurs minutes avant de la rouler.

5. Conserver dans un récipient hermétique au réfrigérateur.

50 boules de bonheur de gâteau aux carottes presque crues

Ingrédients

* ❖ 1 tasse de graines de tournesol décortiquées crues

* ❖ 1 tasse de noix de coco râpée non sucrée + ⅓ tasse à rouler

* ❖ ½ cuillère à café de cannelle

- ❖ ½ cuillère à café de sel de mer

- ❖ 12 dattes Medjool molles, dénoyautées et trempées si elles sont très sèches

- ❖ ⅔ tasse de carottes hachées

- ❖ 2 cuillères à café de sirop d'érable, plus au goût

PAS

1. Dans un robot culinaire, mélanger les graines de tournesol, 1 tasse de noix de coco râpée, la cannelle et le sel et mélanger jusqu'à ce que cela devienne un bon repas.

2. Ajouter les dattes et les carottes et mélanger jusqu'à ce que le mélange se combine et colle. Goûtez et ajoutez plus de sirop d'érable si vous souhaitez que vos bouchées soient plus sucrées. Si le mélange est trop sec, ajoutez plus de sirop d'érable; s'il est trop humide, ajoutez plus de noix de coco et / ou laissez refroidir le mélange au réfrigérateur pendant 20 minutes pour qu'il se raffermisse.

3. Utilisez une cuillère à soupe pour ramasser le mélange, puis utilisez vos mains pour le rouler en boules d'environ 1 pouce.

4. Rouler dans la noix de coco restante pour enrober l'extérieur, si désiré. Conserver au réfrigérateur dans un récipient hermétique jusqu'à 5 jours.

CONCLUSION

Le régime méditerranéen n'est pas un régime unique mais plutôt un régime alimentaire qui s'inspire du régime alimentaire des pays du sud de l'Europe. L'accent est mis sur les aliments végétaux, l'huile d'olive, le poisson, la volaille, les haricots et les céréales.